AF457774

DISSERTATION

SUR

LE DOMAINE DES MERS

ET LA CONTREBANDE.

DISSERTATION

SUR

LE DOMAINE DES MERS

ET LA CONTREBANDE,

Par A. M. J. J. DUPIN, Avocat,

Docteur en Droit de la Faculté de Paris, et Membre correspondant de l'Académie des îles Ionniennes.

> La nature elle-même a placé les mers hors du domaine de l'homme. Il peut les franchir, mais non les occuper; et prétendre exercer l'empire sur l'élément qui environne de toutes parts la terre habitable, c'est aspirer à tenir en captivité les deux mondes, et à flétrir d'une tache de servitude l'humanité toute entière.

A PARIS,

Chez Warée oncle, Success. de la ve Dufresne, Libraire, au Palais de Justice.

1811.

AL SIGNOR

CARLO DUPIN,

Capitano nel corpo del Genio marittimo, Sotto-ingegniere di vascelli, etc.

Carissimo Fratello,

Se il dominio de' mari potesse divenire un oggetto di conquista, non con altro mezzo potrebbe tentarsi che con quello delle terribili macchine che come Ingegniere tu construisci, e sulle quali come Capitano, tu monti per andare a combattere. Ma tu che ti trovi al presente di guarnigione a Corfù, ài pur sentito ripetere quel che leggesi in Isocrate, cioè che i popoli tutti della Grecia che àn voluto vantare un impero sui mari, o che almeno àn voluto pretenderlo, si sono immersi in un abisso di calamità. In effetto, una tal dominazione non è punto naturale : è dessa una chimera che inebbria sì fattamente lo spirito di coloro che le corron dietro, che giunge fino a privarli del senso commune : inseguiti da per tutto, si procacciano costoro sul lor dosso odio e nemici ; e nemici sovente sì formidabili, che a lungo andare, divenuti irresistibili, lor minaccian da vicino irreparabile rovina : così cadde sotto Alessandro la superba Tiro; così Atene sotto i colpi di Lacedemonia ; così Cartagine sotto i fulmini di Roma ; e così ancora a dì nostri cadrà... Ma parliamo un poco di te solo, mio dolce amico. Quando verrà quel giorno da me tanto sospirato, che su d'uno de' tanti vascelli che tu construisci per la difesa dell' Impero, possa io vederti abordare a queste nostre spiagge, per riunirti a tuo fratello, ed alla tua famiglia? Ah! quando saprò che altra nuova destinazione ti richiamerà presso di me, con qual trasporto vorrò io ripetere que' versi d' Orazio:

Navis quæ tibi creditum
Debes Virgilium, finibus atticis
Reddas incolumen, precor,
Et serves animæ dimidiam meæ.

Aspettando io un sì felice momento, credimi intanto, mio caro fratello, che tutti i miei voti sono a te diretti : e ricevi come un pegno della mia tenera anicizia l'offerta, benchè leggiera, che di buon cuore io ti fo, della sola fra le mie opere che possa in qualche rapporto interessarti, come bravo e distinto soldato da marina.

Sono cordialmente,

Il tuo buono e tenero fratello,

A. M. J. J. DUPIN.

DISSERTATION

SUR

LE DOMAINE DES MERS

ET LA CONTREBANDE.

Xercès (1) et les Grecs, Athènes et Lacédémone, Rome et Carthage, sont des témoignages éclatants que dans l'antiquité la plus reculée, on se battit pour l'Empire et pour la Liberté des Mers.

Tandis que les rois et les peuples

(1) Tout le monde connaît la folie de ce roi des rois, (ainsi s'intitulaient les rois de Perse) qui furieux de ce que la mer contrariait ses desseins, voulut la traiter en esclave révoltée, ordonna de la frapper à grands coups de fouet, de la marquer d'un fer chaud, et de jeter dans son sein une paire de chaînes. Hérodot., *lib.* 7, *cap.* 35.

agitaient entre eux cette grande querelle *du Domaine des Mers*, quelques érudits, s'escrimant doucement dans le silence du cabinet, essayèrent infructueusement, il est vrai, mais au moins dans de louables intentions, de fixer les idées qui devaient tôt ou tard amener la solution du problème.

Les anciens jurisconsultes romains, imbus des principes de la philosophie stoïcienne, et séduits par le prestige éblouissant d'une république universelle composée de tout le genre humain, prétendaient que non-seulement la mer, mais encore les rivages de la mer, étaient communs à tous les hommes (1).

Mais à mesure que le gouvernement prit chez eux de nouvelles formes, et

---

(1) INSTIT., §. 1, *de rerum divisione*, *l.* 13, §. 7, *ff. de injuriis*, *l.* 13, *pr. ff. commun. rusticor. et urbanor. præd.*

reçut de plus grands développemens, les Romains revinrent peu à peu de cette idée apparemment trop libérale; et finirent insensiblement par revendiquer pour eux-mêmes le *domaine des mers* (1).

La variété des opinions et la multiplicité des écrits sur ce point, s'accrurent, lorsqu'avec le temps, l'art de la navigation s'étendit et se perfectionna; et surtout lorsque la découverte de l'Amérique, ayant, pour ainsi dire, doublé le monde, rendit les expéditions d'outre-mer plus longues et plus fréquentes.

---

(1) On trouve la preuve de cette assertion dans APPIAN, *præf. hist.*, *p.* 3; dans ARISTIDE le Rhéteur, *Orat. ad M. Antonin.*; dans PHILOSTRATE, *vit. Apollon. Tyan. lib.* 7, *cap.* 2; et dans la célèbre dissertat. de JACQUES GODEFROY, *sur la loi* 9, *ff. de leg. Rhodiâ de jactu.*

Toutefois il en résulta cet inconvénient, que les écrivains qui s'exercèrent sur ce sujet, s'attachèrent moins à la recherche de la vérité, qu'ils ne songèrent à établir ce qui intéressait plus particulièrement leur patrie. Ainsi, loin de s'accorder, les opinions furent plus divisées que jamais.

GROTIUS, dans son livre *de Mari libero*, travailla de tout son pouvoir à consacrer le principe de la liberté des mers; mais si l'on en croit DOMINIQUE BAUDIUS (1), il n'écrivit dans ce sens, que parce qu'à cette époque les Espagnols et les Portugais voulaient concentrer dans leurs mains tout le commerce des Indes au préjudice de sa nation.

HUBER, BYNKERSHOEK, etc. soutinrent aussi la même thèse, contre les

---

(1) *De induciis belli belgici*, lib. 2.

Espagnols et les Anglais, qui contestaient aux Hollandais la pêche du hareng, dont ces peuples jaloux enviaient les bénéfices; et toutefois nos deux jurisconsultes et leurs sectateurs, ne prirent pas en tout point pour base de leur discussion, les mêmes principes que Grotius (1).

L'exagération se trouva surtout du côté des écrivains qui appartenaient à des peuples essentiellement maritimes. Ainsi, l'anglais Selden, attribuant de son autorité privée le domaine exclusif des mers à sa nation, ferma le chemin des ondes à toutes les autres, dans son *Mare clausum*.

Il est donc vrai de dire, que, dans

---

(1) Voyez Huber. *Digress.*, part. 1, lib. 4, cap. 14 et suiv.; et *de Jure civitatis*, lib. 2, sect. 4, cap. 2. — Bynkershoek, Dissert. *de dominio maris*, tom. 2, operum, pag. 124 et *suiv*.

cette matière, depuis si long-temps débattue et si vivement agitée, les sentimens ont toujours été divisés, les opinions constamment partagées, les systèmes généralement opposés, parce que chacun n'a consulté que son intérêt propre, et que nul n'a voulu chercher l'exacte vérité (1).

Quoique nous ne soyons pas constitué juge en cette matière, et que les parties intéressées puissent nous dire :

Non vestrûm inter nos tantas componere lites,

cependant, qu'il nous soit permis, entre tant d'opinions émises jusqu'à ce jour sur cette grande question *du domaine des mers*, d'en discuter quelques-unes, et de réfuter librement

---

(1) *Sed scin cur tam varie? Aliquos amor patriæ, aliquos adblandiens commerciorum libertas, aliquos adulatio, aliquos tandem indicta publicè præmia seduxere.* BYNKERS., præf., DISS. laud.

celles qui nous paraîtront erronées. *Nos citrà spem metumque, citrà affectum agere decrevimus, tuituri maris cum libertatem, tum dominium.*

Si l'on remonte à l'origine de tout ce qui existe, on conviendra sans peine, que Dieu, ayant créé les hommes, a voulu que tous pussent jouir librement des choses qu'il avait jugées nécessaires de créer en même temps pour leurs besoins.

On conviendra encore, que s'il leur a donné à tous l'usage de ces choses, il n'en a donné la propriété à personne :

Nobis non res, sed rerum conceditur usus.

Aussi tous les publicistes sont-ils d'accord que l'état de communauté a précédé l'état de propriété. *Dominium rerum ex naturali possessione cœpit. L. 1, §. 1, ff. de acquirendâ vel amittendâ possessione.*

Mais cet état de communauté ne pouvait pas subsister long-temps : l'oisiveté d'une part, l'avarice de l'autre, firent bientôt remarquer que les choses communes donnaient lieu à une infinité de contestations.

Les hommes introduisirent donc *le tien* et *le mien.*

De ce moment, les choses qui, auparavant, n'appartenaient à personne, devinrent la propriété du premier qui s'en empara (1).

---

(1) *Sunt nulla privata naturâ ; sed aut veteri occupatione, ut qui quondam in vacua venerunt ; aut victoriâ, ut qui bello potiti sunt ; aut lege, pactione, conditione, sorte ; ex quo fit, ut ager Arpinas, Arpinatium dicatur ; Tusculanus, Tusculanum. Similisque est privatarum possessionum descriptio : ex quo, quia* suum cujusque fit, eorum quæ naturâ fuerant communia ; *quod cuique obtigit, id quisque teneat ; è quo si quis sibi appetet, violabit jus humanæ societatis.* Cic. de offic., lib. 1, n° 21.

La réunion des propriétés particulières forma celle de chaque nation; et de là naquit la maxime : *au citoyen appartient la* PROPRIÉTÉ ; *au souverain, l'*EMPIRE (1).

Cet empire embrassant la généralité des choses, comme celle des personnes, s'étendit naturellement aux objets qui avaient échappé à l'occupation des particuliers, et dont ceux-ci n'étaient pas parvenus à s'emparer.

Voilà comment les souverains, après avoir réuni à leur domaine les fleuves et les lacs qui se trouvaient enclavés dans leur territoire, finirent par revendiquer l'empire de la mer, comme une dépendance de leur souveraineté.

---

(1) *Omnia Rex* imperio *possidet, singuli,* dominio. SÉNÈQUE, de Beneficiis, *lib.* 7, *cap.* 4 *et* 5. — *Voyez*, sur ce point, les nombreuses autorités citées dans nos PRINCIPIA JURIS, *in notâ ad* n. 713.

Et leur prétention à cet égard ne fut qu'une conséquence du principe qui s'était établi, d'attribuer le domaine de chaque chose vacante, au premier qui s'en emparait (1).

Par suite de ce domaine supposé acquis, chaque souverain put défendre aux vaisseaux étrangers d'aborder ses rivages, d'entrer dans ses ports, de remonter ses fleuves, ou même de traverser les mers qui reconnaissaient ses lois.

Car je ne partage pas indéfiniment l'opinion (trop générale à mon avis) de Grotius et de quelques autres, qui pensent que la navigation et le commerce sont, par toutes les lois divines et humaines, communes à chacun, comme la terre et le ciel (2).

---

(1) *Quod nullius est, naturali ratione occupanti conceditur.* L. 3, ff. *de acq. rer. dominio.*

(2) *Legesque divinas ac humanas navigandi*

Sans doute il y a de la folie à vouloir usurper l'empire exclusif de toutes les mers. La nature elle-même les a placées hors du domaine de l'homme. Il peut les franchir, mais non les occuper; et prétendre exercer l'empire sur l'élément qui environne de toutes parts la terre habitable, c'est aspirer à tenir en captivité les deux mondes, et à flétrir d'une tache de servitude l'humanité toute entière.

Mais s'ensuit-il que celui qui a l'empire d'un fleuve, d'un golfe, d'un port, d'un lac, d'une mer même, si, comme la Baltique, ou la mer Noire, l'entrée en peut être aisément défendue, doive y recevoir indistinctement toutes les nations qui veulent y venir rôder et trafiquer?

---

mercandique jus ita ut cœlum et solum ex æquo addicere. GROT., lib. 17, Hist. Belg. ad annum 1608.

Non, sans doute. La propriété, par sa nature, nous donne le droit de jouir exclusivement de la chose qui nous est propre ; d'écarter d'elle tous ceux qui voudraient en partager l'usage avec nous ; et de ne communiquer cet usage qu'à ceux que nous voulons, et aux conditions que nous voulons (1); et l'on ne voit pas pourquoi les souverains n'auraient pas ici le même droit (2) que le simple propriétaire d'un fonds ?

Enée fuyait les Grecs ; il aborde

---

(1) *Qui alienum fundum ingreditur, venandi aucupandique gratiâ, potest à domino, si is prœviderit, prohiberi, ne ingrediatur.* L. 3, §. 1, ff. de acq. rer. dominio. *Non est consentaneum, ut per aliena prædia,* invitis dominis, *aucupium faciatis.* L. 16, ff. de servitut. prædior. rusticor.

(2) Surtout quand ils n'usent de ce droit de prohibition que par représailles des prétentions outrées de la nation à laquelle ils interdisent chez eux la terre et l'eau.

avec ses compagnons les terres de Didon ; tous débarquent sur le rivage, et ne croyaient, en cela, violer aucun droit :

Littus quœramus innocuum :

Cependant on refuse de les recevoir. Arrêtés et conduits à la reine, ils se plaignent de ce qu'on leur refuse l'hospitalité sur le sable :

Hospitio prohibemur arenœ:

La reine convient que leur situation est pénible ; mais elle leur répond que des raisons politiques la forcent d'éloigner les Etrangers de ses états :

Res dura et regni novitas, me talia cogunt
Moliri, et latè fines custode tueri.

Et si elle consent à les recevoir ensuite, après leur avoir fait connaître ses droits ; c'est qu'elle aime leur chef, et non qu'elle cède à leurs réclamations.

Tenons donc pour principe, que chaque souverain peut, à son gré et par le seul effet de sa souveraineté, ou permettre aux étrangers l'approche de ses rivages, l'entrée de ses ports, de ses fleuves, etc. ou la leur défendre absolument, ou ne la leur accorder qu'à certaines conditions :

Chacun, en liberté, peut disposer du sien.

Au souverain seul appartient par conséquent de déterminer les marchandises qui pourront être amenées dans ses parages, introduites dans ses provinces, ou exportées de son territoire. Il peut, en un mot, donner les lois que bon lui semble au commerce maritime ; et, en cela, il ne fait qu'user légitimement des droits de sa souveraineté ; car il importe au bien d'un état que toute espèce de gens ne puissent pas y faire le commerce ; et, comme l'a dit Aristote, c'est aux lois à définir avec quels peuples les citoyens doivent entretenir ou rompre leurs communications (1).

En effet, quel soin plus important pour un gouvernement, que celui d'empêcher que d'avides étrangers, amorcés par le seul appât du gain, ne viennent spolier les citoyens, les polluer de leurs vices en leur communiquant leur luxe, et tirer des productions et des ressources de notre propre sol, des moyens de devenir plus puissans et plus riches que nous-mêmes! Certes, ou les droits d'un souverain sont illusoires, ou le premier et le plus urgent de tous ses devoirs est de garantir ses peuples de tous ces fléaux,

---

(1) *Reipublicæ interest, legibus definiri, quibuscum communicare cives oporteat, cum quibus non oporteat.* Aristot., Politic., lib. 7, cap. 6.

et des malheurs qui en seraient la suite inévitable.

Les lois du prince, à cet égard, sont exécutoires non-seulement pour ses propres sujets, mais encore pour les étrangers.

D'abord, quant aux premiers, il n'est pas douteux que le prince n'ait le droit d'ordonner tout ce qu'il juge important au salut de l'Etat : lors donc qu'il use de ce droit, le seul devoir des peuples est d'obéir, et non de critiquer imprudemment les actes de l'autorité souveraine (1).

Et quant aux étrangers, n'est-il pas

---

(1) *Uti totum regimen ad principem spectat, ita etiam ab ejus judicio dependet, ea, quæ necessaria aut utilia reipublicæ fuerint, definire, et in effectum deducere; neque subditis ullà tum competit potestas, scrupuloso examine eadem perstringere aut impedire.* ZIEGLERUS, de Jure Majestatis, lib. 1, cap. 4, §. 18.

évident qu'ils doivent respecter chez les autres une liberté dont ils ont réciproquement le droit de jouir chez eux ?

Aussi voyons-nous que les législateurs de toutes les nations se sont constamment appliqués à restreindre plus ou moins la liberté indéfinie du commerce avec l'étranger.

Plutarque, dans la vie de Lycurgue, nous apprend que ce législateur, non content de défendre aux Spartiates de voyager, leur défendit encore de recevoir des marchands étrangers à Lacédémone.

Suivant le même auteur, Solon, chez les Athéniens, permit seulement aux étrangers le commerce des huiles, et prohiba sévèrement l'exportation de tout autre fruit, et surtout des figues. Il établit même, pour éclairer les contraventions, une espèce de douaniers appelés *Sycophantes*.

Tels sont aussi les raisonnemens que l'historien de Thou prête aux Anglais, qui se plaignaient vivement de ce que les Espagnols leur avaient refusé, contre le droit des gens (disaient-ils), la liberté de commercer avec eux (1).

Rien de plus futile que cette objection.

Sans doute, la liberté du commerce doit être proclamée et protégée en temps de paix.

Mais cette même liberté s'oppose à ce qu'une nation puisse en forcer une autre à s'accommoder de ses marchandises et à en souffrir l'importation.

Et du reste, il n'y a pas lieu de craindre pour le salut du genre humain, si l'on gêne un peu, vis-à-vis de telle ou telle nation, la liberté du com-

---

(1) De Thou, *hist.*, liv. 71, année 1680.

mercé, relativement à certaines marchandises dont la vente, il est vrai, lui serait très-avantageuse, mais dont l'acquisition nous est indifférente ou nous deviendrait fatale.

Car autre chose est de défendre absolument et sans réserve toute espèce de commerce, quel qu'il soit, ou d'en restreindre seulement la liberté à l'égard de tel ou tel peuple, pour le bien de l'Etat qui juge cette prohibition ou cette restriction nécessaire à sa conservation ou à sa prospérité.

De même qu'un habile médecin ne défend pas à son malade toute espèce de remèdes, mais lui interdit seulement ceux qu'il regarde comme nuisibles à son état, et du reste lui permet l'usage de ceux qui peuvent l'améliorer : de même, le souverain, respectant en général la liberté du commerce, peut cependant éloigner de ses ports et de ses rivages telle ou telle nation, ou défendre d'importer sur son territoire telle ou telle espèce de marchandises, etc.

Il est donc bien démontré que les ordres du souverain à cet égard, quels qu'ils soient, sont exécutoires pour tous ses sujets, et même pour les étrangers qui, malgré sa défense, persisteraient à commercer avec ses sujets.

Mais une question plus délicate est celle de savoir si le pouvoir d'un prince va jusqu'à lui donner le droit de gêner le commerce des nations étrangères entre elles, et de troubler ce commerce par des lois prohibitives, ou même par la force des armes?

Car quel droit le prince qui commande à une nation a-t-il sur les nations voisines? A quel titre défendrait-il à des marchands étrangers de commercer avec d'autres marchands également étrangers, lorsqu'en cela ils ne font qu'user de leurs droits et ne font injure à personne?

Cette question n'étant pas aussi aisée que la première, qu'il nous soit permis de la traiter à fond, et d'éclaircir une difficulté déjà traitée par des plumes si savantes, et débattue par des souverains si puissans.

Grotius (1), et, après lui, Marquardus (2), traitant cette difficulté, distinguent trois espèces de négoce :

1°. Celui des choses dont on ne se sert que pour faire la guerre : par exemple, des armes;

2°. Celui des choses qui ne sont que de luxe : par exemple, des diamans;

3°. Celui des choses qui servent également en temps de guerre et en

---

(1) Grotius, *de Jure Belli et Pacis*, lib. 3, cap. 1, §. 5.

(2) Marquardus, *de Jure Mercaturæ*, lib. 1, cap. 16, n° 34.

temps de paix; comme l'argent, les vivres, les navires, leurs agrès, etc.

Quant aux choses de la première espèce, Grotius et Marquardus ne font pas de doute que l'une des nations belligérantes peut défendre aux sujets des nations neutres d'en pourvoir ses ennemis.

Ils pensent qu'on ne doit pas gêner le commerce des objets de la seconde espèce, parce que ces objets sont plus propres à énerver le courage de l'ennemi qu'à augmenter ses forces (1).

Relativement au négoce des choses de la troisième espèce, Grotius et Marquardus sous-distinguent :

1°. Si l'un des deux peuples ne peut se défendre qu'en interceptant les

---

(1) *Vel inimico negandum non est beneficium quod illi neque vires majores daturum sit, nec confirmaturum, quas habet.* SÉNÈQUE, de Benef., lib. 7, cap. 20.

convois destinés à son ennemi; si, par exemple, on conduit à celui-ci des munitions dont l'autre manque : dans ce cas, ce dernier peut les intercepter : *Necessitas jus constituit.*

2°. Si l'ennemi, réduit aux abois, ne peut se relever que par le secours qu'on lui destine (comme si l'on veut faire entrer des vivres dans une place assiégée) : dans ce cas, l'assiégeant peut s'opposer à tout commerce de vivres entre les neutres et les assiégés; la prise des convois n'étant alors qu'une réparation du tort que les marchands vouloient nous faire, en mettant notre ennemi en état de prolonger sa défense.

Zieglerus, qui examine la même question, entreprend de la décider à l'aide des mêmes distinctions. Il se range à l'avis de Grotius pour ce qui concerne les objets de guerre ou de luxe; mais relativement aux choses de la troisième classe, il se jette dans d'autres distinctions qui ne le conduisent à aucun résultat satisfaisant.

A notre égard, la question nous paraît susceptible d'être décidée par les principes généraux du droit.

J'admets, avec Grotius et les partisans de son système, et je pense sans restriction, qu'une nation belligérante peut s'opposer à ce que les neutres fournissent à l'autre nation ennemie des armes et des munitions de guerre; par la raison qu'on peut regarder comme ennemis ceux qui aident contre nous nos ennemis (1).

Aussi voyons-nous dans Tite-Live que les Romains traitèrent en ennemis les Epirotes et les Téiens, parce

---

(1) *In exercitu hostium is censetur, qui, quæ ad belli usui sint, hostili exercitui subministrat.* PROCOP. Bello Gothico, lib. 5, cap. 2.

que ces peuples avaient aidé Antiochus d'armes et d'argent pendant la guerre que ce roi soutint contre Rome.

Quant aux objets de luxe, si nous vivions au temps d'Epaminondas, j'accorderais, avec Grotius, qu'il importerait peu aux Thébains d'empêcher que d'autres Grecs ne fournissent des objets de cette nature aux Lacédémoniens. Si nous vivions dans le siècle où Rome assiégée voyait ses citoyens se disputer à la chaleur des enchères le champ qu'occupoit Annibal, je concevrais que Rome pût pardonner aux habitans de Capoue d'avoir amolli les vainqueurs de Cannes. Mais dans un siècle où les mœurs sont à peu près au même degré de corruption chez tous les peuples; où le luxe, loin d'être détesté comme la peste des Etats, est allégué comme un signe de leur prospérité; où l'or enfin est, pour ainsi dire, le nerf de toute opération guerrière ou politique; un gouvernement éclairé ne peut pas rester indifférent sur le commerce même qui n'aurait pour objet que des choses de luxe; si ce commerce, tout à l'avantage de l'ennemi, doit avoir pour résultat d'enrichir cet ennemi aux dépens de la nation trop facile, qui n'aurait pas vu et calculé d'avance ce que ce commerce pouvait avoir de désastreux pour ses finances et ses manufactures.

Je n'admets pas non plus les distinctions et les limitations proposées par Grotius, relativement aux choses de la troisième classe.

En effet, le droit de tuer, de piller, ravager et détruire, qui, hors le cas d'une guerre légitime, ne serait qu'un acte de brigandage, est fondé sur la nécessité où se trouve chaque peuple de se défendre de toute agression et de poursuivre le redressement des torts dont il a à se plaindre.

Chaque nation est censée dire aux autres : Je veux vivre en paix avec vous; mais malheur à quiconque, troublant ma sécurité, s'attirera ma colère et ma vengeance :

Nec quisquam noceat cupido mihi pacis. At ille,
Qui me commôrit, (meliùs non tangere, clamo,)
Flebit.

Or, si le droit de guerre n'est fondé que sur le droit de repousser l'injure et de se maintenir en paix, il est conséquent, que chaque gouvernement puisse, pour se conserver ou se ramener dans cet état si désirable, faire cesser tous les obstacles qui seraient pour lui trouble ou empêchement dans l'exécution de ce dessein.

Il ne faut donc plus examiner si les neutres ont le droit de donner à notre ennemi, des vivres et autres choses qui lui sont utiles ou nécessaires : mais il suffit de considérer qu'il est aussi de notre droit d'agir offensivement contre quiconque rendrait notre défense plus incertaine, ou notre attaque plus périlleuse.

Ainsi, par exemple, il n'est pas douteux que les peuples qui, en vertu d'un traité d'alliance fournissent un contingent à nos ennemis, n'usent en cela de leur droit, et ne fassent même leur devoir : mais il n'en est pas moins certain que nous pouvons repousser leurs armes par nos armes.

De même, donc, nous pouvons interdire aux neutres, tout commerce qui aurait pour objet de rendre notre ennemi plus fort ou moins faible.

Car, qui contestera, qu'en fournissant à nos ennemis des vivres, de l'argent, des vaisseaux, des agrès, on leur procure le même avantage que si on leur fournissait précisément des hommes et des armes?

Rien, à notre avis, n'est donc plus juste que de reconnaître et de proclamer dans chaque souverain le droit de considérer comme un acte d'hostilité contre lui, tout commerce, fait avec ses ennemis, de marchandises ou d'objets quelconques dont il juge que ses ennemis pourront tirer avantage et profiter pour lui nuire.

Les marchandises ainsi prohibées étaient désignées à Athènes par le mot απορρηται, *interdites,* et dans cette classe se trouvaient les chanvres, le lin, les cuirs, le bois, la cire, la poix, et généralement tout ce qui servait à la construction et au gréement des vaisseaux.

Les Romains avaient aussi défendu le commerce de certaines choses : ainsi nous voyons, dans le Digeste, un titre *de rebus quœ vœnire non possunt ;* et dans le Code, un autre titre, *quœ res expertari non debeant.*

Dans le moyen âge, les choses ainsi retranchées du commerce commencèrent à s'appeler *de contrebande*, nom qu'elles portent encore aujourd'hui. Ce nom est formé du mot italien *bando*, le même que *bannum*, et qui, bien que susceptible d'une infinité d'acceptions (comme on peut le voir dans le glossaire de Ducange), désigne proprement, selon la définition qu'en donne le vocabulaire *Della Crusca*, une loi ou un décret du prince ou du magistrat, promulgué à son de trompe par un officier public.

Suivant cette définition, le mot *contrabbando*, contrebande, exprime donc toute contravention à la loi, toute trangression à la défense du prince : d'où il suit qu'on doit réputer marchandises de contrebande toutes les marchandises dont l'importation, l'exportation ou le commerce intérieur ont été défendus par une loi ou par un décret dûment promulgués.

CONCLUSION.

Les mers ne sont pas susceptibles d'une propriété effective; la nature elle-même les a placées hors du domaine de l'homme; il peut les franchir, mais non les occuper; et les possessions de Neptune ne sont pas du nombre de celles qu'on peut acquérir ou conserver *nudâ voluntate et solo animo*.

Mais cet empire qu'on ne peut exercer sur l'immensité des mers, parce qu'en général leur usage, comme celui de l'air et du feu, doit être laissé en commun à tous les hommes, de quelque nation qu'ils soient; chaque Souverain peut l'exercer dans tous les pays soumis à ses lois ou à ses armes.

Oui, chaque souverain a incontestablement le droit de restreindre la liberté du commerce en général, et particulièrement du commerce maritime, autant qu'il le juge nécessaire au bien de ses peuples : et ses ordres, à cet égard, obligent non-seulement ses propres sujets, mais encore les étrangers. Les uns, comme les autres, doivent s'y soumettre, et les garder et observer, soit que la prohibition soit générale et absolue, soit qu'elle n'ait été faite que relativement à certains lieux, certaines personnes, ou certaines marchandises spécialement désignées.

Toute infraction des lois à cet égard, soit qu'elle ait pour but de faire entrer des marchandises absolument prohibées, soit qu'elle n'ait pour objet que d'esquiver les droits auxquels ces marchandises sont assujéties, est qualifiée *contrebande*, et peut être punie comme telle.

La moindre peine en pareil cas est celle de la confiscation.

Nous terminerons par cette réflexion : Le commerce n'est une source de prospérité pour un Etat, qu'autant qu'il n'en contrarie point la politique; et il serait nécessairement en opposition avec elle, si quelques particuliers avides refusaient de s'imposer une gêne momentanée, pour acquérir des richesses durables; et si chacun, ne consultant que son intérêt personnel et présent, s'obstinait imprudemment à devancer, par des spéculations indiscrètes, ce temps si désiré par nous, et si habilement préparé par notre gouvernement,

> où nos heureux vaisseaux
> N'auront plus d'ennemis que les vents et les eaux.

FIN.

DE L'IMPRIMERIE DE CRAPELET.

OUVRAGES DE L'AUTEUR,

Qui se trouvent chez le même Libraire.

1. Traité des Successions *ab intestat*, selon les dispositions du Code Napoléon. *Paris*; 1 vol. in-12.

2. Principia Juris civilis tum Romani, tum Gallici, seu selecta legum Romanarum cum civili Napoleonis Codice aptè concordantium. *Parisiis*, 1806 et années suivantes, 4 vol. in-12.

3. Réflexions sur l'enseignement et l'étude du droit, suivies de règles sur la manière de soutenir thèse dans les actes publics. *Paris*, 1807, brochure in-8.

4. Bibliothèque choisie à l'usage des étudians en droit, ou Notice des livres qui leur sont le plus nécessaires. *Paris*, 1808, 1 vol. in-16.

5. Précis historique du droit romain, depuis Romulus jusqu'à nos jours. *Paris*, 1809, 1 vol. in-16. (*Nota*. L'édition est épuisée.)

6. Examen sur les élémens du droit romain, selon l'ordre des Institutes de Justinien, traduit du latin de ***. *Paris*, 1810, 1 vol. in-12.

7. Jo. Gotlieb. Heineccii Recitationes, in Elementa juris secundùm ordinem Institutionum, additis observationibus, quibus textus vel explanatur, vel emendatur, vel illustratur; quibusque sedula ac perpetua

Romanarum et Gallicarum legum collatio continetur. *Parisiis*, 2 vol. in-8.

8. DISSERTATION sur les rapports entre cohéritiers, faisant suite au traité des successions. *Paris*, 1810, 1 vol. in-12.

9. SYNOPSIS elementorum juris romani, juxtà Heineccii doctrinám, cum notis, etc. *Parisiis*, 1811, 1 vol. in-18.

www.ingramcontent.com/pod-product-compliance
Ingram Content Group UK Ltd.
Pitfield, Milton Keynes, MK11 3LW, UK
UKHW020452180726
13839UKWH00004B/1789